Rolf & Matthias Reinicke

STRANDSCHÄTZE

Das Buch für junge Sammler

AF196129

DEMMLER VERLAG

Rolf & Matthias Reinicke

STRANDSCHÄTZE

Das Buch für junge Sammler

Mitarbeit Inge Reinicke

DEMMLER VERLAG

Bibliographische Informationen der Deutschen Nationalbibliothek:
Die Deutsche Nationalbibliothek verzeichnet diese Publikation in
der Deutschen Nationalbibliographie. Detaillierte bibliographische
Daten sind im Internet abrufbar unter: https://portal.dnb.de

Demmler Verlag GmbH
Rolf und Matthias Reinicke
Strandschätze
Texte und Fotos: Rolf Reinicke
Grafiken und Layout: Matthias Reinicke
Lektorat: Inge Reinicke
Druckvorbereitung: Matthias Reinicke

ROLF UND MATTHIAS REINICKE
STRANDSCHÄTZE
3. AUFLAGE 2022
ISBN 978-3-944102-26-9
© 2018 DEMMLER VERLAG GmbH
An der Bäderstraße 7c
18311 Ribnitz-Damgarten
www.demmlerverlag.de

Printed by Jelgavas Tipogrāfija, Jelgava/Lettland

INHALT

Liebe junge Leser,

am Strand nach interessanten Sachen zu suchen, macht richtig Spaß. Noch schöner ist es natürlich, wenn man etwas findet. Selbst Gefundenes ist doch viel wertvoller als etwas Gekauftes – ein kleiner Schatz.

Wir möchten euch mit diesem Buch zeigen, was man an den Stränden von Ost- und Nordsee finden kann. Zuerst natürlich das „Gold des Meeres" – Bernstein. An der Ostsee sind es besonders die Strandsteine und Fossilien, an der Nordsee mehr die Muscheln und Schnecken. Aber bitte nicht traurig sein, wenn ihr nicht gleich ein Superstück findet. Dazu gehört eine Menge Glück.

Die Fotos und Zeichnungen sollen euch zeigen, was ihr da eigentlich gefunden habt. Und wir bemühten uns darum, alles so zu erklären, dass ihr es gut versteht. Wir wünschen euch viel Freude an diesem Buch und viel Erfolg beim Sammeln.

Rolf, Inge und Matthias Reinicke

Wir danken Mara, Liska, Henrike, Inari und Karsten, dass sie an diesem Buch mitgewirkt haben.

STRAND-STEINE

Andenken an die Eiszeit

Alle unsere Strandsteine sind Geschiebe. Sie wurden vom Inlandeis hierher geschoben. Sie stammen aus Schweden, Finnland, Norwegen, Dänemark und dem Ostseegebiet. Dabei wählten die Gletscher damals natürlich nicht aus, sondern brachten alles mit, was ihnen auf ihrer langen Reise unterwegs an Steinen im Wege lag. Heute findest du diese Geschiebe in den eiszeitlichen Ablagerungen, aus denen unsere Steilufer bestehen. Werden sie dort herausgespült, bleiben sie am Strand liegen – Strandsteine.

Nur an wenigen anderen Stränden unserer Erde gibt es auf engstem Raum so viele unterschiedliche Gesteinsarten wie hier an Nord- und Ostsee. Aber wie soll man sich da zurechtfinden?! Selbst der Geologe kann nicht immer sofort sagen, welchen Stein er da gerade in der Hand hält. Die wichtigsten Gesteinsarten und Fossilien aber kannst sogar du erkennen – du findest sie auf den nächsten Seiten.

Aus dem Steilufer
herausgewaschen ...

liegen die Steine am Strand.
Dazwischen findest du so
manchen Schatz.

Granit

gleichmäßig körnig, besteht aus
Feldspat, Quarz und Glimmer

Porphyr

helle Einsprenglinge
wie Rosinen im Kuchenteig

Gneis

ähnlich wie Granit, ist aber
immer gestreift, gemasert

Das sind die häufigsten:

STRAND-STEINE

Versuch doch einmal ...

am Geröllstrand aus den vielen Steinen einen
Granit, Porphyr, Gneis, Sandstein, Kalkstein oder
Feuerstein herauszufinden.

Kalkstein

④

weich, leicht mit dem
Messer zu ritzen,
lässt oft Fossilien erkennen

Sandstein

⑤

besteht aus kleinen Quarzkörnchen,
deutliche Schichtung

Feuerstein

⑥

dicht, keine innere Struktur
(siehe Seite 22) –
häufigster Strandstein

Kennst du schon einen Strandstein?
Ganz bestimmt: Feuerstein. Den kennt doch
jeder. Auf dieser Seite findest du auch andere
häufige Gesteine, die man leicht erkennen kann.
Nicht an jedem Geröllstrand wirst du alle sechs
Arten zusammen finden. Und nach den
schönen Porphyrgeröllen musst du richtig
suchen. Die stecken sich auch andere
gern in die Tasche.

STRAND-STEINE

Wie sind sie entstanden?

④

Kalkstein

aus Kalkschalen
von Lebewesen im
Meer entstandenes
Ablagerungsgestein

③

Gneis

durch Hitze und Druck
tief in der Erdkruste aus
anderen Gesteinen gebildetes
Umwandlungsgestein

②

Porphyr

aus Lava an der Erdoberfläche
schnell auskristallisiertes
Ergussgestein

①

Granit

aus Magma in der Erdkruste
langsam auskristallisiertes
Tiefengestein

Viele Kalksteine enthalten
Fossilien von Meerestieren.

Bernstein

aus Baumharz entstandenes
Ablagerungsgestein

⑦

Feuerstein

⑥

im Kalkschlamm am
Meeresboden entstandenes
Ablagerungsgestein

Sandstein

⑤

aus Sand im Meer oder Binnengewässer
entstandenes Ablagerungsgestein

Die Entstehung der Gesteine

Könnten unsere Strandsteine erzählen, so wären das
sehr spannende (Erd-)Geschichten. Einige sind über
2.000.000.000 Jahre, andere „nur" 25.000.000 Jahre alt.

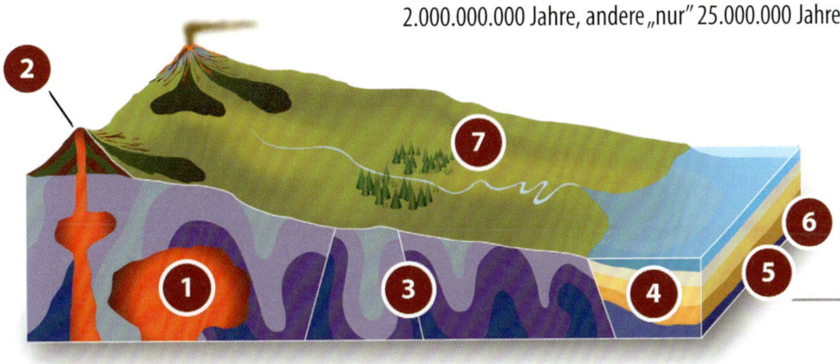

BERNSTEIN

Der besondere Strandstein

Natürlich ist Bernstein auch ein Stein (besser: ein Gestein). Im Vergleich zu allen anderen Strandsteinen ist er aber viel leichter. Deshalb findest du ihn auch nicht am Geröllstrand, sondern am Sandstrand. Hierher gelangt er bei Sturm. Weil er sehr leicht ist, wird er im Spiel der Wellen hin- und hergespült. Lässt die Kraft des Windes nach, so bleibt er manchmal am Strand zurück. Dort liegt er dann in der dunklen Masse, (dem „Rollholz"), die so aussieht wie auf dem großen Foto: Holz- und Kohlestückchen, Tang, Miesmuschelschalen ...

Bernstein findet man hauptsächlich an den Sandstränden. Die besten Fundmöglichkeiten bestehen im Winterhalbjahr, unmittelbar nach einem Sturm. Dann heißt es allerdings, rechtzeitig zur Stelle zu sein, denn die Zahl der Sammler ist groß. Vielfach herrscht nach einem Sturm an diesen Stränden

regelrechter Andrang. Wenn du einen kleinen Kescher mitnimmst, so gelingt es dir vielleicht, ein Stück Bernstein aus dem Wasser zu fischen. Solltest du aber zu spät kommen, so lohnt es sich, das Rollholz noch einmal gründlich zu durchsuchen (wie es die Sammler auf dem Foto machen). Manchmal findet man dabei noch eine schönes Stück, das vorher übersehen wurde.

Traumhaft ...

ein faustgroßes Stück!
Träumst du auch davon?

Hier kannst du ihn finden ...

im Rollholz am Spülsaum.

Glück gehabt!

Gold des Meeres gefunden!

BERNSTEIN

Das „Gold des Meeres"

Alles Bernstein

Die verschiedenen Farben kommen
von der unterschiedlichen Trübung des Harzes.

Der Rekordstein

Das größte Stück Bernstein aus dem Meer wurde
vor der schwedischen Westküste gefunden.
Es wiegt fast neun Kilogramm. Man kann es im
Bernsteinhaus Kopenhagen bewundern.

Warum „Gold des Meeres"?

Der besondere Glanz des Bernsteins macht ihn so beliebt. Er ist aber kein Edelstein oder Halbedelstein. Dafür ist er zu weich. Bernstein ist ein Schmuckstein. Große Stücke sind richtig wertvoll – besonders die ganz klaren, deshalb auch „Gold des Meeres". Die verschiedenen Farben kommen von der unterschiedlichen Trübung. Die ganz großen Stücke sind immer trüb.

Klarer Bernstein

Trüber Bernstein

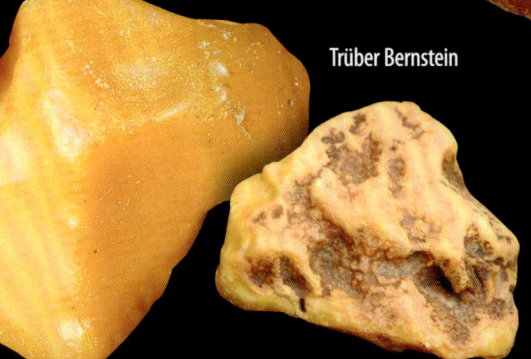

Einschluss

Manche klaren Bernsteinstücke enthalten Einschlüsse (Inklusen) von Insekten und anderen winzigen Tieren. Es sind 40 Millionen Jahre alte Zeugnisse vom Leben im Bernsteinwald. Diese Langbeinfliege misst vom Kopf bis zu den Beinspitzen gerade mal einen Zentimeter.

Unterm Mikroskop

Unter dem Mikroskop erkennt man bei unterschiedlicher Vergrößerung kleinste Einzelheiten.

BERNSTEIN

Im Bernsteinwald

Bernstein entstand aus Harz

Schlauben, Zapfen und Tropfen sind Fließformen.
An ihnen kannst du sehen, wie dünnflüssig das
Bernsteinharz war. Kleinere Stücke davon kann
man auch am Strand finden.

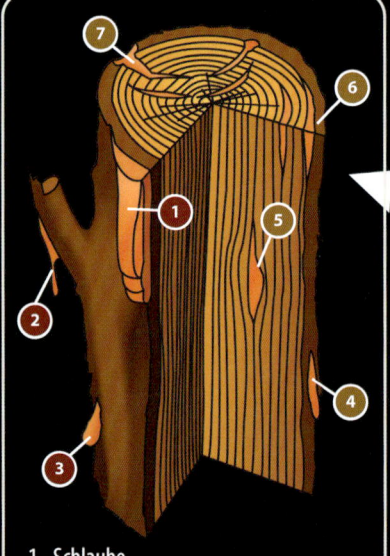

1 - Schlaube
2 - Zapfen
3 - Tropfen
4 - innerhalb der Borke
5 - in Rissen im Holz
6 - zwischen Holz und Borke
7 - an Verletzungen und Astlöchern

1 Schlauben

2 Zapfen

3 Tropfen

Vor 40 Millionen Jahren

In den Wäldern des Tertiär (siehe Tabelle Seite 40) sonderte ein Nadelbaum große Mengen von Harz ab. Das gelangte in den feuchten Waldboden oder in Gewässer und wurde dadurch haltbar. Es dauerte aber etwa eine Million Jahre, bevor das Harz zu Bernstein wurde.

Später wurde der Bernstein mehrmals umgelagert. Schließlich gelangte er auch in die Ablagerungen der Eiszeit. Aus ihnen bestehen die Steilufer am Meer.

Am Meer

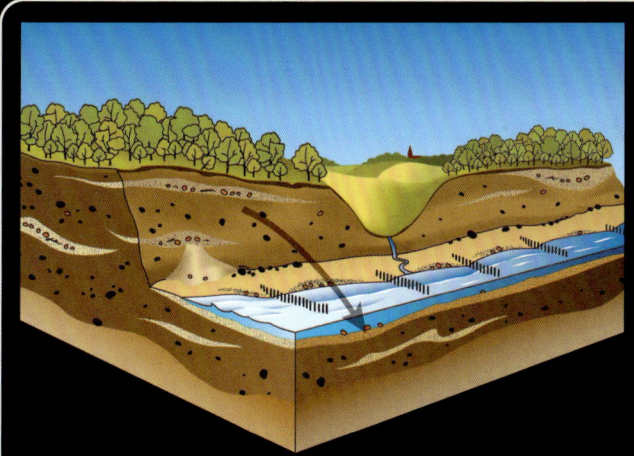

Heute

Heute wird der Bernstein aus den Steilufern ausgespült und gelangt ins Meer. Nach Stürmen wird er am Strand als **Gold des Meeres** ausgeworfen.

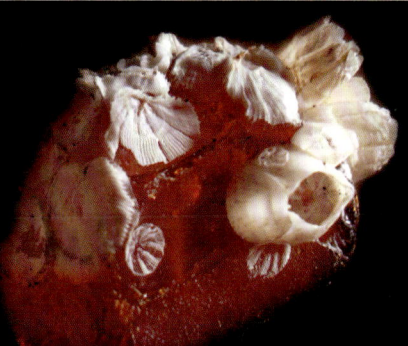

Vom Meeresgrund

Dieser Bernstein lag lange Zeit auf dem Meeresgrund und ist mit Seepocken bewachsen.

BERNSTEIN
Wie erkennt man ihn?

Reibeprobe

Wenn du ein wirklich großes Bernsteinstück auf Stoff (Kunstfaser oder Seide) reibst, lädt es sich statisch auf. Dann zieht es – vielleicht – winzige Filterpapierschnipselchen an. Keine sichere Probe.

Bernstein brennt!

Eigentlich heißt er Börnsteen - Brennstein. Mit einem Feuerzeug kannst du ihn nämlich anzünden. Er brennt mit heller Flamme. **Und es stinkt nach** verbranntem Gummi. Lieber **nicht** probieren.

Ritzprobe

Bernstein ist weich. Wenn du ihn mit dem Messer ritzt, bleibt ein Kratzer zurück. Das geht aber leider auch bei einem abgerollten Donnerkeil. Keine sichere Probe.

Zahnprobe

So macht man es nicht! Man beißt nicht auf den Bernstein, sondern klopft damit vorsichtig gegen die Schneidezähne. Dann merkt man, ob es sich um einen weichen Bernstein handelt.

Alles Bernstein?

Da hast du den ganzen Tag am Strand alles aufgehoben, was so aussieht wie Bernstein. Nun weißt du nicht, welche Stücke wirklich Bernstein sind. Kein Problem. Auf dieser Seite erfährst du, wie man Bernstein sicher von anderen Strandfunden unterscheidet: von gelblichen Kiesel – oder Feuersteinen, von Seeglas oder Donnerkeilen.

Schwimmprobe in einer Salzlösung

Das ist die beste Probe: Weil Bernstein sehr leicht ist, schwimmt er auf einer Salzlösung. Alles andere sinkt zu Boden.

Die Salzlösung erhälst du, wenn du zwei Esslöffel Kochsalz in einem Becher Trinkwasser verrührst.

FEUER-STEIN

Der häufigste Strandstein

Natürlich kennst du ihn. Aber was ist Feuerstein? Feuerstein ist ein vor etwa 60 bis 70 Millionen Jahren im Meeresboden entstandenes Ablagerungsgestein. Er besteht aus dem Mineral **Quarz**. Das ist Siliziumdioxid (SiO_2), die häufigste feste chemische Verbindung, die man an der Erdoberfläche findet. Auch unser Strandsand (Seite 28) besteht aus Quarzkörnchen.

Steinformen

Interessant geformte Feuersteine sind Strand-schätze besonderer Art.

Schwarzer und grauer Feuerstein

Schwarzer Feuerstein mit weißer Rinde kommt aus der Schreibkreide, die es auf Rügen und in Dänemark gibt.

Grauer Feuerstein kommt aus Kreidekalk, den es in Dänemark und Südschweden gibt.

Achtung!

Feuerstein nicht zerschlagen! Dabei entstehen messerscharfe Splitter, die unkontrolliert umher-fliegen. Da fließt schnell Blut!

Warum eigentlich **Feuer**stein?

Weshalb eigentlich Feuerstein? Man machte früher damit tatsächlich Feuer. Schlägt man mit einem Eisen auf eine Feuersteinkante, so werden aus dem Eisen feine, aufglühende Partikelchen herausgerissen. Diese Funken glühen länger und bilden auf dem Zunder ein winziges Glutnest. Zunder stellte man aus dem Zunderschwamm her, einem häufigen Baumpilz. Feuerstein, Stahl und Zunder waren früher das Feuerzeug!

Schwarzer Feuerstein

Schwarzer Feuerstein mit weißer Rinde wird aus den Kreidesteilufern auf Rügen herausgewaschen. Hier sind die Knollen am Strand noch nicht abgerollt.

Feuerstein – härter als Stahl

Mit ihm kannst du sogar die Klinge deines Taschenmessers ritzen.

Feuerstein mit typischer Bruchfläche – man sagt dazu Muschelbruch.

Feuersteingerölle

Das ist alles Feuerstein – im Kern immer schwarz oder grau; an der Oberfläche aber oft gelb oder braun verfärbt. Wenn du genau hinschaust, wirst du erstaunt sein, was alles Feuerstein ist. Manche Stücke enthalten sogar Fossilien.

23

HÜHNER-GÖTTER

Feuersteine mit Loch

Woher kommt der komische Name?

Der stammt eigentlich von der Halbinsel Krim. Auch dort findet man durchlöcherte Feuersteine, die man gern in den Hühnerstall hängt oder ins Nest legt – damit die Hühner besser legen und gesund bleiben – und man sagt dazu eben Hühnergott. Durch ein Buch wurde der Name auch bei uns bekannt.

Und woher kommen die Löcher?

Das ist ein großes Rätsel. Selbst Fachleute wissen da keinen Rat. Sie sagen: „Das sind Zufallsbildungen." Feuersteine haben ja die unterschiedlichsten Formen. Keiner gleicht dem anderen. Und Feuersteine sind viel zu hart, als dass irgend ein Tier darin bohren könnte.

Glücksbringer

Am Lederband um den Hals oder auch nur in der Tasche getragen, sollen Hühnergötter Glück bringen – so wird es jedenfalls erzählt. Und Viele schwören darauf, dass es wirklich so ist – wenn man ganz, ganz fest daran glaubt.

Mancher dieser Hühnergötter scheint wohl etwas zu schwer, um ihn länger um den Hals zu tragen.

Riesen-Hühnergott

150 Kilogramm schwer

WALL-STEINE

... aus Feuerstein

Sie fallen dir bestimmt sofort zwischen den anderen Strandsteinen auf. Denn diese kleinen Feuersteingerölle sind besonders schön rund. Und sie haben eine ganz glatte Oberfläche. Es sind richtige Handschmeichler.

Ihr Name deutet darauf hin, dass sie ihre auffallende Form und Glätte auf einem Strandwall erhielten. Das aber ist viele Millionen Jahre her. Sie sind damals besonders lange von der Brandung des Meeres im Strandgeröll bewegt und dabei so schön glatt worden.

KLAPPER-STEINE

... auch aus Feuerstein

Tatsächlich: Wenn man die kugelrunden Feuersteine schüttelt, dann klappern sie – manche. In dieser Feuersteinkugel sitzt ein Kieselschwamm, zuerst umgeben von einer Kreidehülle. Hat die Kugel kleine Löcher, so kann die Kreide in der Brandung vom Wasser ausgespült werden. Dann lockert sich der Schwamm und klappert.

Feuersteinhülle

Kieselschwamm

Schreibkreidehülle

Ein seltener Fund

Klappersteine sind sehr selten. Wenn du unbedingt einen finden möchtest, dann überrede deine Eltern zu einem Ausflug an die Kreideküste der dänischen Insel Mön. Dort findet man sie häufiger als auf Rügen.

27

STRAND-SAND

Natürlich ist der Sand am Strand kein Schatz. Oder etwa doch? Stell dir vor, es gäbe keinen Sand am Strand. Auf dieser Seite möchten wir dir erklären, was Sand eigentlich ist und woher er kommt.

Sand besteht aus **Quarz** – also aus einem Mineral, das du vom Feuerstein her bereits kennst.

Quarzkristall

Solche Quarzkristalle gibt es in den Hohlräumen kristalliner Gesteine.

Wie entstand Quarz?

Quarz entsteht auch, wenn kristalline Gesteine aus Magma erstarren. In solchen Gesteinen (z. B. im Granit) findet man den Quarz als kleine kristalline Körnchen. Diese Quarzkörnchen sind gegenüber den anderen Mineralen besonders hart. Sie bleiben übrig, wenn die Gesteine verwittern. Dann sind es Sandkörnchen. Das fließende Wasser spült sie in Bächen und Flüssen bis zum Meer.

Quarz im Granit

Kieselsteine

Sie bestehen ganz und gar aus Quarz — es sind „Riesen-Sandkörner."

Strandsand = Quarzkörnchen

Wenn du ein paar Sandkörnchen mit einer Lupe betrachtest, so siehst du, dass die einzelnen Quarz-körnchen weißlich oder farblos sind. Manche sind etwas eckig („scharf"), manche schön rund.

Wenn du dich auf den Strand in den Sand legst, merkst du gar nicht, wie hart die einzelnen Körnchen sind – du weißt ja: härter als Stahl. Das spürst du nur dann, wenn du aus Versehen etwas Sand zwischen die Zähne bekommst.

Bunter Strandsand

An einigen Stellen des Strandes kannst du solchen rotvioletten oder schwarzen Sand finden. Seine Sandkörner bestehen nicht aus Quarz, sondern aus anderen Mineralen: die violetten aus **Granat**, die schwarz-glänzenden aus **Magnetit**.

Magnet

Magnetit

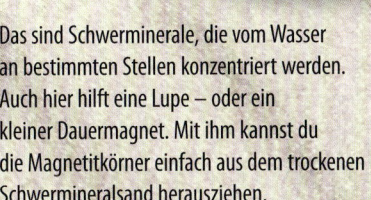

Das sind Schwerminerale, die vom Wasser an bestimmten Stellen konzentriert werden. Auch hier hilft eine Lupe – oder ein kleiner Dauermagnet. Mit ihm kannst du die Magnetitkörner einfach aus dem trockenen Schwermineralsand herausziehen.

FOSSILIEN
Zeugnisse der Erdgeschichte

Zwischen dem Strandgeröll findest du auch **Reste von Meerestieren** – manche im Stein eingeschlossen, andere auch lose. Fast alle sind Reste von Meeresbewohnern, die in verschiedenen Zeiten der Erdgeschichte lebten. Stets sind nur die harten Teile (Schalen oder Gehäuse) erhalten, nie die weichen. Du wirst also keine versteinerte Qualle finden. Pflanzenreste sind selten. Natürlich gibt es Fossilien nur in Ablagerungsgesteinen: häufig im Kalkstein oder Feuerstein, seltener im Sandstein.

Seeigel-steinkern

Korallenstock

Ammonitenschale

Schneckensteinkern

Seeigelschale

A — Schale

B — Steinkern mit Schale

C — Steinkern — Abdruck

Schalenerhaltung

Die weiße Kalkschale des Seeigels ist bei
einigen Exemplaren noch erhalten.

Kalkschale

Feuersteinkern

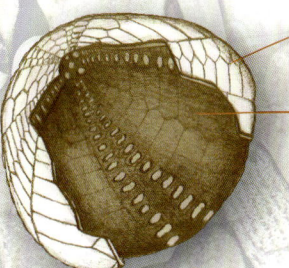

Steinkern

Wird die Schale zerstört, bleibt der
harte Steinkern aus Feuerstein übrig.

Als Fossilien findest du **Schalen**, **Steinkerne** und
Abdrücke.

Von Versteinerung spricht der Geologe nur dann,
wenn die Schalen oder Gehäuse des Tieres wirklich
zu Stein wurden z.B. Donnerkeile.

Nur selten wirst du so gut erhaltene Exemplare
finden wie auf diesen beiden Seiten. Viel
häufiger sind abgerollte Bruchstücke.

Versteinerung

Das Kalkgerüst dieses Korallenstockes
wurde in Kalkstein umgewandelt.

◀ So entsteht ein Fossil:

A Die leere Kalkschale liegt auf
dem Meeresgrund.

B Die Schale wird in den Meeresgrund
eingebettet und ausgefüllt.

C Die Schale wird aufgelöst. Es bleiben
Steinkern und Abdruck erhalten.

Abdruck

Von den Schalen dieser
Muschel blieb nur der
Abdruck im Feuerstein übrig.

Scheinfossilien

Das sind anscheinend Moosabdrücke – sind es aber
nicht wirklich. Auf hellem Kalkstein sind Mangan-Eisen-
Lösungen als Dendriten („Bäumchen") auskristallisiert.

DONNER-KEILE

Die häufigsten Strandfossilien

Bestimmt hast du schon einen Donnerkeil gesehen oder sogar selbst einen zwischen dem Strandgeröll gefunden. Donnerkeile sind dort die häufigsten Fossilien. Die fingerförmigen, bräunlichen Gebilde, die manchmal an Bernstein erinnern, sind die Reste von **Belemniten** – Tintenfische, die so aussahen wie heute die Kalmare. Von deren Skelett blieb nur der aus gelblichem Kalk bestehende Donnerkeil übrig – das stabile Rostrum, das du auf der Zeichnung gut erkennen kannst. Ganz exakt heißt ein Donnerkeil also **Belemnitenrostrum.**

Belemnit
So ungefähr hat dieser längst ausgestorbene Tintenfisch ausgesehen.

Rostrum

Donnerkeile
So gut erhaltene Exemplare (rechts) sind selten und bis zu 12 Zentimeter lang. Die meisten dieser Belemnitenrostren sind zerbrochen und oft stark abgerollt.

Aus dem Kreidemeer

Belemniten lebten vor etwa 67 Millionen Jahren. Sie schwammen in großen Schwärmen im Kreidemeer. Am Ende der Kreidezeit starben sie aus. Die Reste der Belemniten wurden in die Schreibkreide eingelagert. Deshalb findet man sie im Feuersteingeröll vor der Kreideküste besonders häufig.

Warum eigentlich „Donnerkeil?"

Der eigenartige Name stammt aus alter Zeit, in der man die Herkunft der Donnerkeile dem germanischen Gott Donar zuschrieb. Er schickte auch die Gewitter. Man glaubte, dass die „Donar-Keile" die Spitzen der von Donar geschleuderten Blitze wären.

Aus Donarkeilen wurden schließlich Donnerkeile.

MUSCHELN & SCHWÄMME

Aus dem Kreidemeer

Dickmuscheln sind die größten Kreidefossilien, die du im Strandgeröll findest. Ihren Namen bekamen sie zu Recht, denn sie haben extrem dicke Kalkschalen. Auch ihre Form weicht von der normaler Muscheln stark ab.

Eine der beiden Schalenhälften ist sehr dick und stark gewölbt, die andere dagegen viel kleiner und dünner. Sie liegt fast flach in der großen. Die weißen Dickmuschelschalen sind gar nicht so selten – aber leider meistens abgerollt.

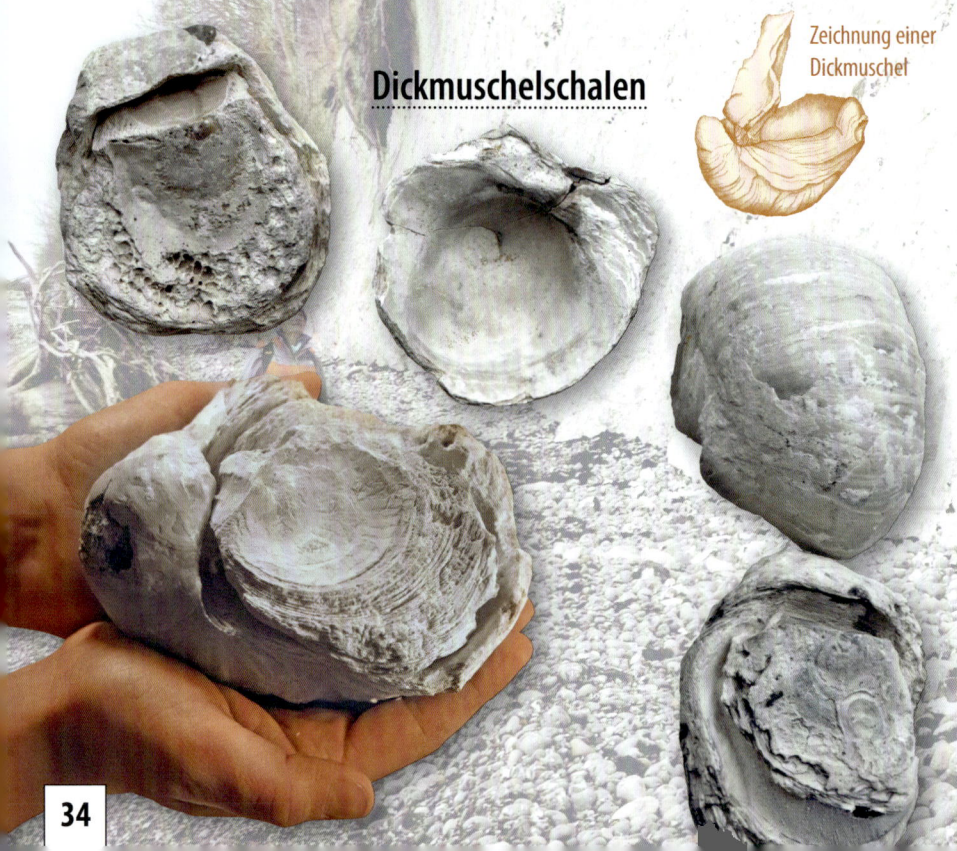

Dickmuschelschalen

Zeichnung einer Dickmuschel

Kreidemeer und Schreibkreide

Das Kreidemeer gab es vor etwa 67 Millionen Jahren – natürlich in der Kreidezeit (kurz: Kreide). Es war ein flaches, warmes Meer. An seinem Boden bildeten sich aus den Kalkpanzern winziger Lebewesen dicke Schichten von weißem Kalkschlamm. Daraus entstand die Schreibkreide. Der Name kommt daher, dass man früher damit tatsächlich an der Schultafel schrieb. Heute besteht die Tafelkreide aus Gips. Der ist weicher. Der Name für den weichen, weißen Kalk aber ist geblieben. Auf Rügen und Mön findest du die Schreibkreide als hohe Steilufer – und natürlich Fossilien.

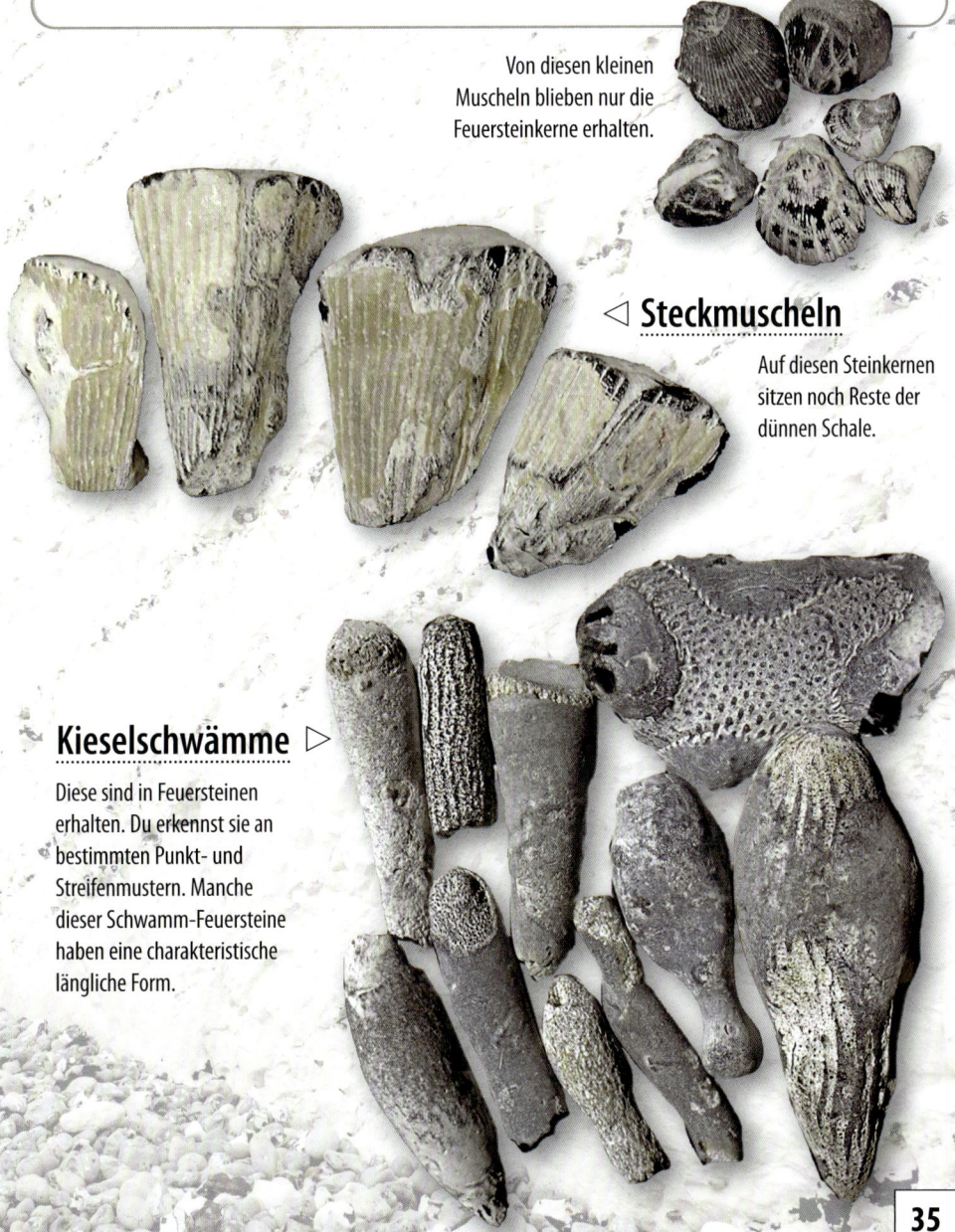

Von diesen kleinen Muscheln blieben nur die Feuersteinkerne erhalten.

◁ **Steckmuscheln**

Auf diesen Steinkernen sitzen noch Reste der dünnen Schale.

Kieselschwämme ▷

Diese sind in Feuersteinen erhalten. Du erkennst sie an bestimmten Punkt- und Streifenmustern. Manche dieser Schwamm-Feuersteine haben eine charakteristische längliche Form.

35

FOSSILE SEEIGEL

Besonders begehrte Funde

Seeigel lebten in großer Zahl am Boden des Kreidemeeres. Manche waren nur wenige Millimeter groß – andere fast doppelt faustgroß. Bei den frisch aus der Kreide herausgewaschenen haftet dem Steinkern zuerst noch das weiße Kalkgehäuse an. Es wird aber in der Brandung zwischen dem übrigen Geröll alsbald abgerieben. Auf dem nun sichtbaren Feuersteinkern erkennt man die fünfstrahlige Zeichnung besser.

Fossile Seeigel sind leider recht selten. Und jeder sucht danach. Aber vielleicht hast du Glück.

Schalen und Steinkerne

großer Seeigelarten
ø ca. 5 - 8 cm

Steinkerne

kleiner Seeigelarten
ø ca. 2 - 3 cm

Die Schönsten und Seltensten...

Die schönsten und seltensten Fossilien aus der Schreibkreide sind bestimmt die heilen Kalkgehäuse von Kronenseeigeln, die noch fest auf einem Feuersteinkern sitzen. Solche Stücke sind echte Schätze. Aber da gibt es ja auch noch ihre Einzelteile. In sie sind die meisten Kronenseeigel zerfallen.

Diese schönen Teile findest du häufig als Kleinfossilien im Strandkies zwischen dem Feuersteingeröll: ihre besonders kräftigen Stacheln und ihre unverkennbar geformten Stachelplatten. Es lohnt sich wirklich, nach ihnen zu suchen. Da hast du sicher Erfolg.

◁ **Stacheln**

von Kronenseeigeln
Länge ca. 1 - 3 cm

Stachelplatten

von Kronenseeigeln
ø ca. 0,5 - 1,5 cm
▽

Schale und Steinkern

von Kronenseeigeln
ø ca. 5 cm

Kronenseeigel mit Stacheln

KLEIN-FOSSILIEN

Lohnende Sammelobjekte

„Ich finde überhaupt nichts!" Das hast du vielleicht schon einmal gehört beim Sammeln am Strand – oder sogar selbst gesagt. Wenn du wirklich gar keine größeren Fossilien findest, dann versuche es doch einmal im Kies zwischen dem Feuersteingeröll an der Kreideküste. Dort liegen die Kleinfossilien. Du findest sie – natürlich mit etwas Geduld – sogar im Sommer, wenn alle größeren Fossilien abgesammelt sind.

Hier siehst du diese kleinen interessanten Funde, dazu auf den Zeichnungen die verschiedenen Tiere, von denen sie stammen. Sie lebten meistens auf einer harten Unterlage festgewachsen am Boden des Kreidemeeres. Nur die Seesterne wanderten.

Kalkschalen kleiner Armfüßer

Einzelkorallen

Moostierchen

Kalkschwämme

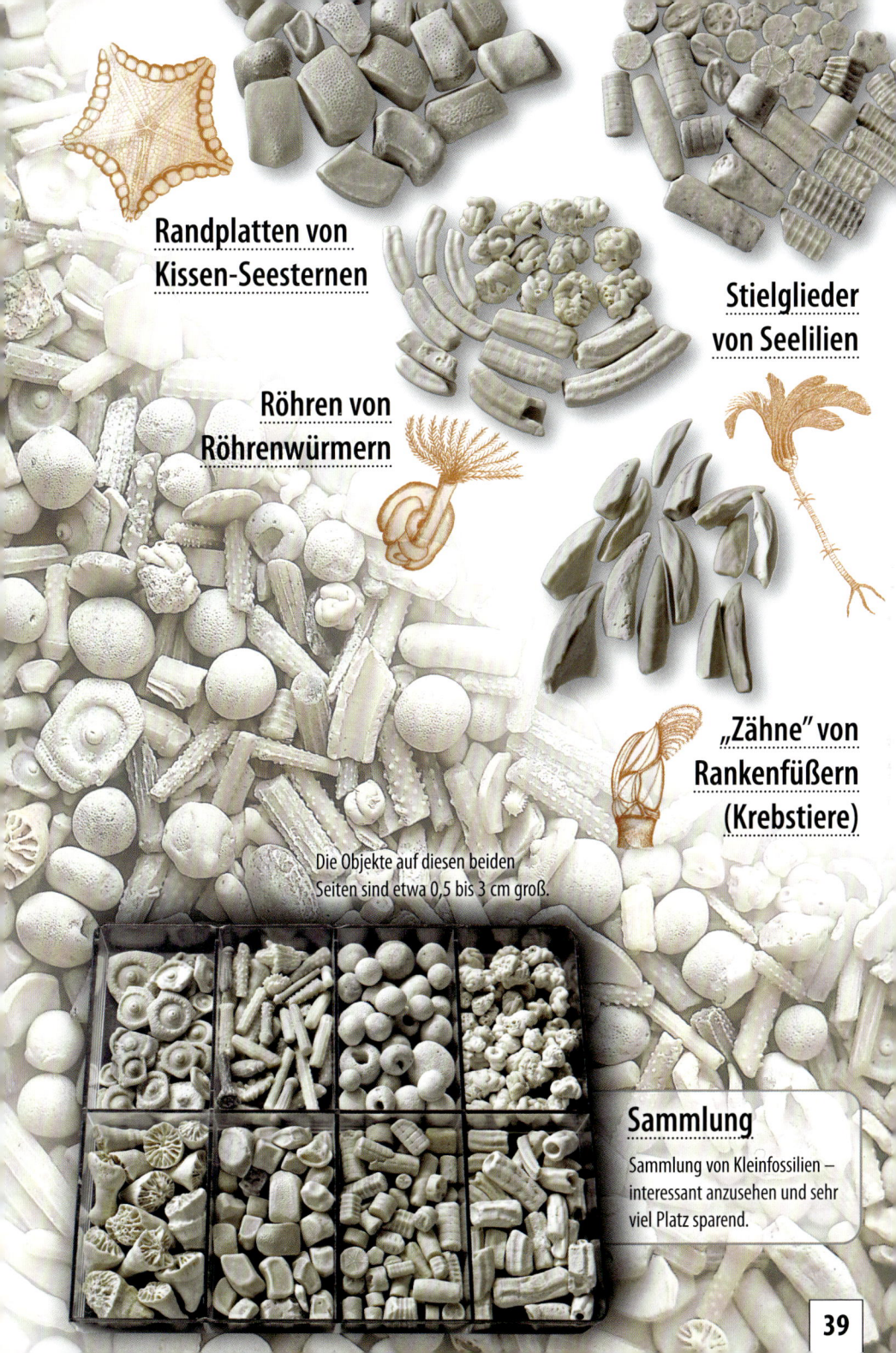

Randplatten von Kissen-Seesternen

Stielglieder von Seelilien

Röhren von Röhrenwürmern

„Zähne" von Rankenfüßern (Krebstiere)

Die Objekte auf diesen beiden Seiten sind etwa 0,5 bis 3 cm groß.

Sammlung

Sammlung von Kleinfossilien – interessant anzusehen und sehr viel Platz sparend.

FOSSILIEN

aus dem Ordovizium...

Die Fossilien auf dieser Seite stammen von den schwedischen Ostseeinseln Öland und Gotland. Dort gibt es viele Steilufer aus Kalkstein. Er entstand vor 485 bis 418 Millionen Jahren (im Ordovizium und Silur) am Grunde warmer Meere und enthält zahlreiche Fossilien – auf Öland sind es Massen von Kopffüßern, auf Gotland jede Menge Korallen.

Bei einer Urlaubsreise nach Öland oder Gotland wirst du dort an den Geröllstränden sehr viele davon finden. Es gibt sie auch (natürlich seltener) an unserer Küste, denn das Eis hat sie von dort mitgebracht. Die meisten dieser Fossilien sind abgerollt. Du erkennst aber ihre charakteristischen Muster auf den Kalksteingeröllen.

GLIEDERUNG DER ERDGESCHICHTE		Beginn vor Millionen Jahren
Erdneuzeit	Quartär	2
	Tertiär	66
Erdmittelalter	Kreide	145
	Jura	202
	Trias	252
	Perm	296
	Karbon	361
Erdaltertum	Devon	418
	Silur	444
	Ordovizium	485
	Kambrium	541
Erdurzeit		

Reste von Kopffüßern

Die Gehäuse dieser Orthoceren (Geradhörner - Einzahl: Orthoceras) sehen aus wie schmale Zuckertüten. Man erkennt sie an ihrer Kammerung und findet sie im „Ölandstein", der eigentlich Orthocerenkalk heißt. Solche Stücke von „Ölandstein" sind an unseren Geröllstränden nicht selten.
Stücke ca. 8 - 20 cm lang

Orthoceras

Orthocerenkalk

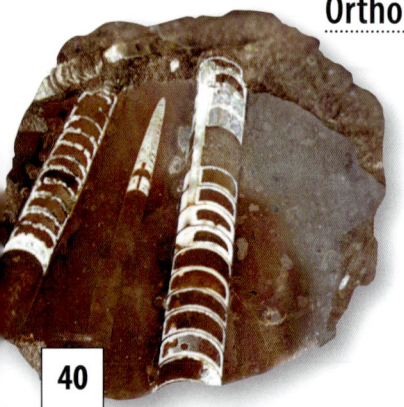

Einzelkorallen aus dem
Korallenkalk von Gotland
Stücke ca. 2 - 3 cm lang

... und dem Silur

Reste von Korallen

Auf Gotland gab es tatsächlich Korallenriffe.
Die sind natürlich zu Kalkstein geworden –
versteinert – und 420 Millionen Jahre alt.

Korallenstöcke aus dem
Korallenkalk von Gotland
Stücke ca. 4 - 12 cm lang

Brachiopoden (Armfüßer)

Steinkerne und Schalenreste
sowie Abdrücke im Kalkstein

▽

△

Trilobit (Dreilappkrebs)

Abdruck - eine echte Rarität
aus dem Korallenmeer
etwa 8 cm lang

FOSSILIEN

aus dem Jura...

Sie fallen dir am Strand sofort auf: dunkelbraune Sandsteingerölle mit vielen hellen Schalenresten, hauptsächlich von Schnecken und Muscheln. Es sind versteinerte (also fossile) Meeresböden, entstanden im Jura bzw. Tertiär.

Im Sandstein eingebettet, findet man zahlreiche Schalen und Gehäuse – die meisten weiß, manche (bei Ammoniten) auch bunt schillernd.

		Beginn vor Millionen Jahren
Erdneuzeit	**Quartär**	2
	Tertiär	**66**
Erdmittelalter	**Kreide**	145
	Jura	**202**
	Trias	252
Erdaltertum	**Perm**	296
	Karbon	361
	Devon	444
	Silur	443
	Ordovizium	485
	Kambrium	541
Erdurzeit		

GLIEDERUNG DER ERDGESCHICHTE

Muscheln

Beispiele für die verschiedenen Muschelarten in den Sandsteinen aus dem Jura

Ammoniten

Diese Kopffüßer zählen zu den schönsten Fossilien der Erdgeschichte. Man findet sie nur sehr selten. Es sind echte Schätze.

42

Fossiler Meeresboden

Im flachen Wasser am Meeresboden zusammen-
gespülte Schalen wurden im Sand eingeschlossen.
Das Ganze erhärtete zu einem Sandstein
mit vielen Fossilien.

... und dem Tertiär

Die weißen Schalenreste bleiben beim
Spalten solcher Stücke sowohl am Steinkern, als auch am Abdruck haften.

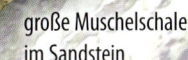

große Muschelschale
im Sandstein

Sandstein mit fingerlangen Turmschnecken

SEEGLAS

Natürlich kein Stein

Seeglas vom Strand – feucht glänzen die kleinen Glasstückchen oft ganz wunderbar in der Sonne. Sie werden sehr gern gesammelt. Trockenes Seeglas ist leider etwas rau und erscheint dadurch matt.

Es gibt viele Farbvarianten.

Wenn es trocknet, wird es matt.

Rundgeschliffen = Ungefährlich

Wenn alle Glasscherben so am Strand liegen blieben, wie sie sind – scharf und splittrig – dann wären deine Strandwanderungen und das Baden eine gefährliche Sache. Aber das Meer hat manchmal Mitleid mit uns Menschen. Die Glasscherben werden im Wellenschlag beständig hin und her geworfen. Dabei schleifen die härteren, aus Quarz bestehenden Sandkörner das weichere, scharfkantige Glas in kurzer Zeit rund. So wird es „entschärft" und seine Oberfläche rau – es wird zu Seeglas. Zwischen dem Kies am Strand erscheint es fast wie ein wertvoller Stein.

RESTE VON MEERESTIEREN

der Ost- und Nordsee

Auf diesen beiden Seiten erkennst du die Reste der Meerestiere, die man am Strand finden kann: Schalen, Gehäuse und Panzer. Zwischen den Funden an den Stränden von Ost- und Nordsee gibt es große Unterschiede.

Ostseefunde

Im salzarmen Brackwasser der Ostsee leben viel weniger Tierarten als in der Nordsee. Und sie sind meist deutlich kleiner.

Leben im Brackwasser

Die Ostsee enthält mit Süßwasser „verdünntes" Salzwasser. Man sagt dazu Brackwasser. Meerestiere sind ganz auf Salzwasser eingestellt; die Tiere der Flüsse und Seen auf Süßwasser. Sie alle haben ein Problem mit dem Leben im Brackwasser. Deshalb gibt es in der Ostsee viel weniger Tierarten als im reinen Salzwasser oder im reinen Süßwasser. Einige Tiere aus dem Salzwasser haben sich aber an das Leben im Brackwasser angepasst. Sie können hier gut leben, werden aber nicht so groß.

Nordseefunde

Im salzreichen Wasser der Nordsee
leben viel mehr Arten von
Meerestieren als in der Ostsee.

MUSCHELN &

Kennst du den Unterschied?

Schnecken und Muscheln werden oft verwechselt – sogar von vielen Erwachsenen! Dabei ist es ganz einfach: Muscheln haben ein **Schalenpaar**, Schnecken ein **Gehäuse**.

Die meisten Muscheln leben eingegraben im Meeresboden.

Muscheln haben ein Schalenpaar.

SCHNECKEN

Viele Schnecken leben kriechend auf dem Meeresboden.

Ostsee

An den Sandstränden der Ostsee wirst du nur die Schalen von vier Muschelarten und nur die Gehäuse einer etwas größeren Schnecke finden.

Wenn du die vorhergehende Seite gelesen hast, so weißt du, weshalb das so ist. Ja, natürlich: das liegt am Salzgehalt des Wassers.

Schnecken haben ein Gehäuse.

Nordsee

An der Nordsee findest du Schalen von mehr als 25 verschiedenen Muschelarten und die Gehäuse von mehr als zehn größeren Schneckenarten.

HERZ-MUSCHELN

... findest du überall!

Natürlich kennst du Herzmuscheln. Aber vielleicht hast du dich – wenn du nur eine Schale einzeln ansiehst – schon einmal gefragt: „Warum eigentlich Herzmuschel?" Um die Herzform zu erkennen, brauchst du ein geschlossenes Schalenpaar. Daran siehst du, weshalb die Muschel ihren Namen bekam.

Ein- und Ausströmröhren (Siphone)

Herzmuscheln leben nur wenig eingegraben massenhaft im sandigen Meeresgrund des Flachwassers. Mit ihrem kräftigen Fuß können sie dort umherkriechen. Die stabilen Schalen von Herzmuscheln werden oft in großer Menge am Strand angespült.

Fuß

Salzgehalt und Schalengröße

So viel Salz enthält das Wasser in Nord- und Ostsee.
Die Zahlen zeigen an, wieviel Gramm Salz in einem Liter
Meerwasser gelöst sind. Und man erkennt, wie stark die
Größe der Herzmuscheln vom Salzgehalt abhängt.

6-7

7-8

7-8

35

O S T S E E

N O R D S E E

18-20

12-14

8-9

Größe der Herzmuscheln in Nord- und Ostsee

Herzmuschelschalen findet man fast
überall an Nord- und Ostseeküste.
Herzmuschelschalen, die du am
Ostseestrand von Rügen findest,
sind aber deutlich kleiner als die am
Nordseestrand von Sylt. Auch hier liegt es
am geringeren Salzgehalt des Wassers der
Ostsee. Je geringer der Salzgehalt, desto
kleiner sind auch die Herzmuscheln.
Das zeigt dir die Karte.

SANDKLAFF-
MUSCHELN

Die größten der Ostsee

Sandklaffmuscheln sind die größten Ostseemuscheln. Ihre stabilen Schalen zählen zu den häufigsten Strandfunden auch an der Nordsee. Beim lebenden Tier sind die Schalen mit einer hauchdünnen, braunen Schalenhaut überzogen. Bei den Strandfunden fehlt diese Haut meist schon. Deshalb erscheinen dir die Schalen der Sandklaffmuschel fast immer reinweiß. Das geschlossene Schalenpaar klafft an einem Ende ein wenig auseinander – daher der Name.

Sandklaffmuscheln leben bis zu 20 cm tief eingegraben im Sand oder Schlick des Flachwassers.

Ein- und Ausström-röhren

Fuß

Werden Sandklaffmuscheln bei schweren Stürmen ausgespült, so können sie sich nicht wieder eingraben. Dann kommt es zu einem Massensterben und zu solchen Massen von Schalen am Strand wie hier.

Sandklaffmuscheln

Es gibt sie überall an der südlichen
Ostseeküste und an der Nordsee.
Ihre Schalen sind oft reinweiß.

◁ ## Gestutzte Klaffmuschel

Eine seltenere Klaffmuschel. Sie erscheint wie
abgehackt und zeigt oft noch Reste der
bräunlichen Schalenhaut.

Nur an der Nordsee

MIES-MUSCHELN

Ein- und
Ausström-
öffnungen

Schalenhaut

Haftfäden

Fuß

Die dunklen Schalen der Miesmuscheln kennst
du bestimmt. Sie leben nicht eingegraben im
Meeresboden, sondern sitzen – dicht an dicht –
mit Haftfäden festgewachsen auf hartem
Untergrund. Weil sie oft an Buhnen oder
Pfählen wachsen, nennt man sie auch Pfahl-
muscheln. Oft wächst eine Muschel auf der
anderen. Daher gibt es sogar auf dem
weichen Grund des Wattenmeeres
der Nordsee ausgedehnte Muschel-
bänke. Manche werden „abge-
erntet", denn Miesmuscheln
sind eine leckere Mahlzeit.
Schon einmal probiert?

AUSTERN

Du erkennst die großen, dickschaligen Muscheln an ihren unregelmäßig geformten, rauen Schalen. Sie werden häufig an den Muschelstränden der Nordseeinseln ausgeworfen. Deine dort gefundenen Schalen stammen fast alle von Austern, die schon viele Jahrzehnte oder gar Jahrhunderte tot sind. Eingebettet im Meeresboden überdauerten sie die Zeit. Dabei bekamen einige ihre dunkle Farbe.

Nur an der Nordsee

Eine Delikatesse

Austern sind eine Delikatesse. Die großen natürlichen Austernbänke in der Nordsee sind durch schonungslose Nutzung längst verschwunden. Heute züchtet man Austern im Wattenmeer.

Jede Auster hat eine mehr glatte und eine stärker berippte Schale.

Ihre Innenseite ist immer ganz glatt und glänzend.

SCHWERT-MUSCHELN

Die langen, schmalen, spröden Schalen der Schwertmuschel liegen in Massen an den Sandstränden der Nordseeinseln. In ihrer Form erinnern sie sehr an eine Messer-scheide und werden deshalb auch als Scheidenmuscheln bezeichnet. Schwert-muscheln leben, so wie es die Zeichnung zeigt, im lockeren Sand eingegraben – bis zu 400 Exemplare pro Quadratmeter! Bei Stürmen werden sie in Massen ausgewa-schen und auf den Strand geworfen.

Nur an der Nordsee

Ein- und Ausström-öffnungen

Fuß

56

ISLAND-MUSCHELN

Die handtellergroßen, stabilen, bauchigen Schalen der Islandmuschel zählen zu den besonders charakteristischen Strandfunden an der Nordsee. Sie haben eine dunkle, im trockenen Zustand leicht abblätternde Schalenhaut. Lagern die leeren Schalen lange Zeit im Bodengrund, so verlieren sie diese und werden kalkweiß, manchmal auch leicht rosa.

Islandmuscheln leben flach eingegraben im Sandboden der Flachwasserzonen. Ihr Name deutet darauf hin, dass sie besonders in kalten nördlichen Gewässern zu Hause sind.

△ **Astartemuschel**
Sie ähnelt der Islandmuschel, ist aber kleiner und flacher.

KAMM- MUSCHELN

Die schönen Kammmuscheln sind selten. Nur ab und zu findest du eine am Nordseestrand. Ganz kleine gibt es häufiger auf Helgoland. Kammmuscheln liegen meist frei auf dem Meeresboden und können sich dort über kurze Strecken „hüpfend" fortbewegen.

Nur an der Nordsee

BOHR-MUSCHELN

Schiffsbohrwurm

Vom Schiffsbohrwurm (auch Pfahlwurm genannt), der kein Wurm, sondern eine Muschel ist, findest du keine Schalen am Strand – nur die Spuren seiner Tätigkeit: abgerollte, völlig zerlöcherter Holzstücke, beliebte Funde.

Schiffsbohrwürmer haben ihre Schalen stark zurückgebildet und zu winzigen Bohrwerkzeugen umgestaltet. Damit graben sie Gänge ins Holz, sogar in das harte von Pfählen oder Buhnen. Damit verursachen sie oft große Schäden.

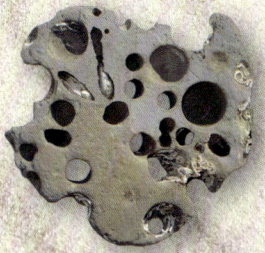

Bohrmuscheln raspeln mit ihrem scharfen Schalenrand die tiefe Gänge in Holz, Torf, Mergel, Kreide und sogar in harten Kalkstein.

Nur an der Nordsee

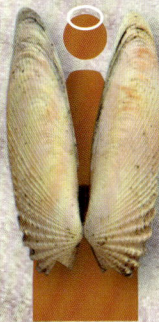

Die geöffneten Schalen dieser Bohrmuschel werden gern als „Engelsflügel" bezeichnet.

Amerikanische Bohrmuschel

Krause Bohrmuschel

KLEINE MUSCHELN

Sie sind seltener als die großen. Du kannst sie an den Muschelstränden der Nordsee finden. Nur die Rote Bohne gibt es überall.

Strahlenkörbchen

Die dünnen, leicht zerbrechlichen, glatten Schalen sind durch ihre schöne, strahlige Zeichnung ganz unverwechselbar.

Venusmuschel

Sie ist besonders schön gezeichnet und berippt.

Artemis

Ist fast kreisrund und hat eine dünne, aber harte, porzellanartige Schale.

Rote Bohne

Eigentlich heißt sie Baltische Platt-
muschel. Aber der Name Rote Bohne
ist doch viel treffender und schöner.
Durch ihre rote Farbe fällt sie am
Strand auf, obwohl sie sehr klein ist.

Besonders an der Ostsee

Teppichmuschel

Die Schalenoberfläche
erinnert an ein Teppich-
gewebe mit Mustern.

▽

Trogmuschel

Sie ist an ihrer typischen
Längsstreifung erkennbar.

△

Sägezähnchen

Du erkennst sie sehr schnell,
wenn du mit dem Fingernagel
über die Kante der glatten
Schale fährst. Das ist eine
richtige kleine Säge.

▽

Nur an der Nordsee

Die Muscheln auf diesen beiden
Seiten sind etwa 2 - 5 cm lang.

STRAND-SCHNECKEN

... die Häufigsten

Die robusten, dickwandigen Gehäuse der Strandschnecken kannst du oft am Strand finden – auch an der Ostsee, aber nicht östlich von Hiddensee.

△

Strandschnecke

Sie leben natürlich nicht am Strand, sondern im flachen Wasser, gern auf Steinen, oft dicht an dicht sitzend – manchmal über 100 auf einem Quadratmeter.

Stumpfe Strandschnecke

Die kleinere Stumpfe Strandschnecke mit ihren bunten Gehäusen lebt auf großen Algen oder auf Seegras.

▽

△

Netzreusenschnecke

Diese schön gezeichneten kleinen Schnecken findest du dort, wo auch die Strandschnecken liegen.

HORN-SCHNECKEN

... die Größten

Die Gehäuse der großen Wellhorn-schnecken zählen zu den beliebtes-ten Strandfunden. Jedes angespülte Gehäuse wird sofort aufgehoben. Deshalb findest du sie so selten. Die Wellhornschnecke ist ein Räuber und Aasfresser. Mit ihrem langen Rüssel, an dessen Spitze die Raspel-zunge sitzt, gelangt sie in das Innere anderer Muscheln oder Schnecken und frisst sie aus. Ist sie selbst in Gefahr, so kann sie ihr Gehäuse mit einem Deckel verschließen.

Diese eigenartigen Gebilde, die du manchmal am Strand findest, sind die leeren, miteinander verklebten Eikapseln der Wellhornschnecke. Solche Laichballen bestehen aus einer chitinartigen Substanz.

Nur an der Nordsee

Wellhornschnecke

Rüssel

Deckel

Fuß   Fühler

Neptunshorn

besonders große und seltene Nordseeschnecke

NORDSEE-SCHNECKEN

... die Schönsten

Pelikanfuß, Turmschnecke und Wendeltreppe sind nicht groß, haben aber sehr schöne Gehäuse. Man findet sie leider nur selten. Sie leben meist eingegraben im Schlick oder Sand – die Gehäusespitze schräg nach unten.

Nur an der Nordsee

Kreiselschnecke

Ihre Perlmutterschicht glänzt – deshalb auch „Friesenknopf".

▽

△

Turmschnecke

Eine seltene Schnecke am Nordseestrand.

Wendeltreppe

Die seltenste Schnecke am Nordseestrand.

△

△

Nabelschnecke

Sie erhielt ihren Namen vom Nabel an der Gehäusemündung.

△
Purpurschnecke

Sie hat eine ganz dicke Schale und wird deshalb auch „Steinchen" genannt. Aus ihr gewann man den Purpurfarbstoff.

△
Pelikanfuß

Der eigenartig verbreiterte Mündungsrand verhalf dieser Schnecke zu ihrem Namen.

64

... die Besonderen

◁ Napfschnecke

Die auffällig geformten Napfschnecken sitzen auf hartem Untergrund. Du entdeckst sie bei Ebbe als kleine, flache Buckel auf Steinen. Ihr Schalenrand ist perfekt dem Untergrund angepasst. Deshalb sitzen sie so fest, dass du sie nicht mit der Hand abbekommst.

Solche am Strand gefundenen eigenartigen Ringe stammen immer von Napfschnecken.

Pantoffelschnecke

Die Gehäuse der Pantoffelschnecken sind etwas bucklig und unregelmäßig.
◁ Sie haben eine unauffällige Außen-(Ober)seite und eine glänzende Innen(Unter)seite, die an einen Pantoffel erinnert.

Pantoffelschnecken sitzen so (oft drei bis fünf übereinander) fest auf hartem Untergrund – auch auf den Schalen anderer Schnecken oder Muscheln.

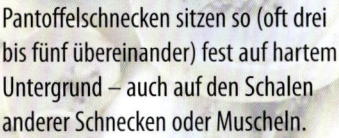

SEESTERNE

... die sehr Beliebten

Seesterne siehst du überall – als Bilder auf Werbeschildern, aber kaum am Strand. Nun stellst du bestimmt dieselbe Frage wie viele Andere: „Gibt es denn gar keine Seesterne mehr?" Tatsächlich sind sie im Sommer so gut wie nie zu finden. Anders im Herbst oder Winter, nach schweren Stürmen. Dann liegen sie am Spülsaum des Strandes.

Auf der Haut des Seesterns sitzen winzige Stacheln. Deshalb gehören sie – so wie die Seeigel – zu den Stachelhäutern.

Seesterne findest du an der Nordsee und an der Ostsee – hier aber nur bis Warnemünde (Salzgehalt!).

Seesterne leben oft im flachen Wasser, manchmal auf sandigem Grund, doch lieber auf hartem Boden. Du kannst diese interessanten Tiere manchmal beim Blick ins Wasser an Steinen, Pfählen oder Hafenmauern erkennen.

Der Seestern bewegt sich auf hunderten winziger Saugfüßchen langsam fort. Damit klammert er sich auch, wenn man ihn aufnehmen möchte, sehr fest an die Unterlage. Deshalb werden Seesterne nur bei Sturm losgerissen und am Spülsaum ausgeworfen.

Seesterne haben fünf Arme – aber nicht immer. Manchmal findet man solche mit mehr oder weniger Armen. (Fotos: A. Gurwell)

Tipp

Selbst gefundene Seesterne sind ein schönes Souvenir. Wenn du sie findest, sind sie manchmal noch nicht trocken. Du musst sie also trocknen lassen. Das ist aber nicht so einfach, denn Seesterne stinken beim Trocknen ganz schrecklich. Also solltest du dir dafür einen geeigneten Platz im Freien suchen. Sobald sie richtig trocken sind, lässt der strenge Geruch stark nach.

SEEIGEL

... die sehr Stachligen

Strandseeigel

Die wunderschön gemusterten leeren Gehäuse von Seeigeln zählen zu den schönsten Strandfunden – leider auch zu den besonders zerbrechlichen. Die am Strand gefundenen sind meist grünlich gefärbt und heißen **Strandseeigel**. Die roten **Essbaren Seeigel** sind viel seltener. Diese beiden Arten von Seeigeln leben gern im Flachwasser auf festem Boden.

Nur manchmal hat dein gefundenes Seeigelgehäuse noch seine spitzen Stacheln. Die fallen normalerweise ab, wenn das Tier stirbt.

Essbarer Seeigel

Nur an der Nordsee

Gesammelte und am Strand zusammengelegte Strandseeigel

Gehäuse mit Stacheln von oben (links) und von unten.

Strandseeigel

Im Inneren sitzt über der Mundöffnung ein kräftiger Kauapparat mit fünf Zähnen. Damit knackt der Seeigel die harten Schalen anderer Meerestiere.

Gehäuse ohne Stacheln von oben

Nur an der Nordsee

Papierseeigel

Zum Papierseeigel sagt man auch Herzigel. Er lebt eingegraben im sandigen Meeresboden. Seine haarfeinen Stacheln sehen aus wie ein dichter Pelz. Es ist schwierig, sein papierdünnes, extrem zerbrechliches, herzförmiges Gehäuse heil nach Hause zu bekommen.

KREBSTIERE

Strandkrabben...

Diese auf acht Beinen seitwärts laufenden Krebstiere entdeckst du zwar manchmal im ganz flachen Wasser, aber nicht lebendig auf dem Strand. Strandkrabben leben zwischen Steinen, Seegras oder Tang. Mit ihren kräftigen Scheren knacken sie problemlos Muscheln und Schnecken ihrer Größe.

Häutungshemden

Was du am Strand findest, sind meist keine toten Krabben, sondern Häutungshemden. Wie viele andere Krebstiere häuten sich auch die Strandkrabben während ihres Wachstums. Dabei platzt der zu klein gewordene Panzer, das Tier schlüpft heraus und die Hülle, das Häutungshemd, bleibt zurück. Tote Krabben stinken beim Trocknen, die federleichten Häutungshemden nicht.

Rückenpanzer

Diese schön gefärbten und gemusterten Teile findest du oft einzeln. Sie sind ein schönes Urlaubssouvenir, aber sehr zerbrechlich – so wie die Häutungshemden.

... und Seepocken

Die kleinen, weißen Kalkgehäuse der Seepocken sind dir bestimmt schon an Buhnen, auf Steinen oder Muschelschalen aufgefallen. Es sind Krebstiere, die lebenslang auf ihrer Unterlage festsitzen. Sie ernähren sich, indem sie mit ihren feinen, kammartigen Rankenfüßen das Plankton aus dem Wasser fischen.

Verschlussdeckelchen

Rankenfüße

ANGESPÜLTES

Rollholz...

Zu den abgerollten Hölzern vom Spül-saum sagt man Rollholz. Die schön geformten sind besonders begehrte Strandfunde. Manches Stück mag schon Jahrzehnte unterwegs sein – vielleicht der letzte Rest einer großen Buche, die bei einem Uferabbruch auf den Strand stürzte oder einer uralten Schiffsplanke...

Viele der interessant geformten Hölzer erhielten durch Schiffsbohrwürmer (siehe Seite 59) ihre löchrige Struktur.

... und Fischreste

Wirbel, Schuppen, Gräten, Schädel-
knochen von ganz verschiedenen
Meeresfischen findest du häufig
zwischen Seegras, Tang oder
Muscheln am Strand – dazu die
Mumien von Stichlingen, die von
den Möwen verschmäht werden.
Vieles ist so sauber, dass du es mitnehmen kannst.

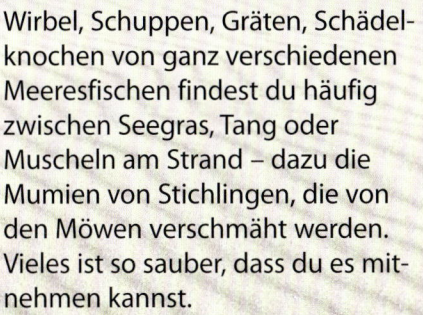

Eihüllen vom Nagelrochen

Man nennt sie auch
Nymphentaschen.

Schulpe vom Tintenfisch

Natürlich kein Fisch, sondern ein Kopffüßer!

STRANDSCHÄTZE
Suchen und Sammeln

Was brauchst du beim Sammeln?

- Taschenmesser
- Lupe
- Zeitungspapier
- Folienbeutel
- Schachtel
- Papiertaschentücher
- Kamera oder Smartphon

Manchen interessanten Strandfund kannst du nicht mitnehmen – aber ein Foto davon machen.

Harte Steine & Fossilien

Auch harte Steine oder Fossilien zerkratzen, wenn du sie einfach lose in den Rucksack steckst. So in Zeitungspapier eingewickelt, bringst du sie unbeschädigt nach Hause.

Zerbrechliche Funde

Zerbrechliche Funde wickelst du zum Transport am besten ganz vorsichtig in ein Papiertaschentuch und verwahrst sie in einer festen Schachtel.

Wie verhält man sich beim Sammeln?

Beim Sammeln an den Sandstränden der Flachküsten von Ost- und Nordsee musst du nicht besonders vorsichtig sein. Anders ist es an den Steilküsten. Dort kann das Sammeln zu einer für dich sehr gefährlichen Sache werden. Deshalb solltest du – so wie deine Eltern – diese offiziellen Hinweise auf die bestehenden Gefahren gut durchlesen und befolgen.

Gefahren an der Steilküste

An den Steilufern gibt es häufig **Abbrüche**, **Rutschungen** und **Steinschläge**. Dadurch ist jeder gefährdet, der sich am Geröllstrand vor den Steilufern aufhält.

Besonders gefährlich ist es dort
- nach starken Niederschlägen
- nach Frost
- bei Sturm
- während und nach Hochwasser.

Auch vorspringende Kliffkanten am Hochufer können abstürzen.

Bitte beachte entsprechende Hinweise und respektiere Absperrungen und Verbote – sie dienen deiner eigenen Sicherheit.

Betreten der Strände und Hochuferwege erfolgt auf eigene Gefahr!

Wer am Strand vor einem solchen Steilufer sammelt, sollte ab und zu auch einmal nach oben schauen, ob es hier nicht gefährlich ist.

STRANDSCHÄTZE
Aufbewahren

Selbst gefunden!

So wie du es hier siehst, kannst du deine Schätze dekorativ aufbewahren, dich immer wieder daran freuen und sie natürlich deinen Freunden zeigen.

Für den Anfang reicht dir vielleicht eine einfache Schachtel.

Hast du im Laufe der Zeit mehr gesammelt, so lassen sich deine Schätze in Schachteln aus Acrylglas oder Pappe am besten einordnen und vorzeigen.

So aufgeklebt und im Rahmen kommen die dekorativen Reste von Meerestieren besonders gut zur Geltung.

Solche Gläser und Flaschen mit Strandfunden sind bestimmt eine schöne Dekoration deines Zimmers.

Basteln mit
STRANDSCHÄTZEN

Selbst gemacht!

Etwas aus deinen Strandfunden zu basteln, macht dir bestimmt Spaß – zu deiner eigenen Freude oder als ein selbst gemachtes Geschenk: etwas ganz Besonderes. Hier ein paar Anregungen dazu.

Bernstein lässt sich leicht bohren, schleifen und polieren. Du kannst dir also aus deinen selbst gefundenen Stücken eine Kette oder einen Anhänger basteln, mit winzigen Stückchen eine Schachtel bekleben.